Omas Handarbeits-Bibliothek

Ausschnitt-Stickerei Richelieu-Stickerei

von Gussi von Reden

mit 134 Abbildungen

und 2 doppelseitigen Musterbogen

EDITION libri rari

im Verlag Th. Schäfer, Hannover

OMAS HANDARBEITS-BIBLIOTHEK

Reprint nach dem Original von 1921
Der Band erschien erstmals im Verlag Otto Beyer, Leipzig
in der Reihe Beyer's Handarbeitsbücher

ISBN 3-88746-451-6 · Best.-Nr. 7031
(3bändiges Konvolut)

Sonderausgabe
im Verlag Th. Schäfer, Hannover
Gesamtherstellung
Offizin Andersen Nexö Leipzig GmbH, Zwenkau

Ausschnitt-Stickerei.

20315. Gestickter Streifen für Bettwäsche. Beyer-Abplättmstr. Nr. 20315/II Preis das Meter 2 ℳ. Vorzeichnung: Figur 26 auf Beilage II.

Unter **Ausschnitt-Stickerei** verstehen wir alle Arten von Stickerei, bei denen der Grund zwischen den umstickten Formen fortgeschnitten wird. Ein dunkler Hintergrund oder eine abstechende Unterlage bringt die Zeichnung zu starker Wirkung.

Die Ausschnitt-Stickerei verdankt ihre Entstehung dem Wunsche, die Ränder und glatten Flächen des Leinens der Wäsche, von Vorhängen und Decken aller Art zu verzieren, geradeso wie dieses Bestreben den Durchbruch und die daraus sich entwickelnde Nadelspitze geschaffen hat. In Museen und privaten Spitzensammlungen finden wir manche schöne alte Stücke in Ausschnitt-Stickerei, deren Muster stark an Venezianer Spitzenmuster erinnern. **Venezianerstickerei** nennt man die Arbeit, wenn einzelne Umrandungsformen durch starkes Unterziehen eine reliefartige Wirkung erhalten. Häufig wird dieser Name auch gebraucht, wenn die Ausschnitt-Stickerei farbig ausgeführt ist. In den Umrandungen läuft dann meistens Goldfaden entlang, aus dem die Verbindungen der Formen als Schlingen oder Ösen entstehen; reiche Zierstücke füllen auch noch oft die Formen. In Klöstern und in den Schatzkammern alter Kirchen finden sich manchmal noch zierliche Deckchen, Reliquienschreine und Buchdeckel in dieser Art verziert. — Zum Schmucke größerer Gegenstände, wie Altardecken und kirchlicher Gewänder, werden gern große, kräftige Zeichnungen in Ausschnitt-Stickerei ausgeführt. Vielfach sind die Muster so gehalten, daß Form an Form trifft, wie bei alten Spitzen; wo dies nicht der Fall ist, werden die Verbindungen durch glatt langettierte Stäbe hergestellt. Bei den ernst und streng gehaltenen Entwürfen sind vielfach heraldische Motive mit architektonisch wirkendem Aufbau verwendet.

Diese Art Ausschnitt-Stickerei nennt man **Renaissancestickerei.** — In etwas späterer Zeit, als die Musterungen freier und leichter und naturalistische Formen bevorzugt werden, gewinnen die Stäbchen an Bedeutung. Sie werden nicht nur zur Verbindung der Formen untereinander benutzt, sondern füllen größere Stellen des Grundes und bilden oftmals in sich wieder Spinnen und Muster. Kleine Öschen dienen noch zur Verzierung der Stäbe. Nun heißt die Ausschnitt-Stickerei **Richelieuarbeit.** Bei der Neigung unserer Zeit, verschiedene Techniken miteinander zu verbinden, zeigen viele neue Arbeiten eine Verschmelzung von Loch- und Ausschnitt-Stickerei, indem die Umrandungen in Lochstich, aber mit eingearbeiteten Stäben gemacht werden. Bei dieser Ausführung sind es auch meist die Musterformen selbst, die fortgeschnitten werden, so daß die Wirkung dieser Stickart eine ganz andere ist.

Die bequeme Ausführung der Ausschnitt-Stickerei, ihre große Verwendbarkeit für die verschiedensten Zwecke, ihre große Haltbarkeit bei der Wäsche erhalten ihr noch immer die Liebe der handarbeitenden Damenwelt und regen unsere Künstlerinnen zum Schaffen neuer Muster an. Armgard v. Reder, Potsdam, Dora Theuermeister, Leipzig, Anna Schmücker, Steglitz, Emma Meyer, Hamburg, Gertrud Federau, Marienburg, Therese Pohl, Hamburg, u. a. m., steuerten ihre neuen Entwürfe zu diesem Buche bei, welches hoffentlich ebenso wie das erste Heft freundliche Aufnahme bei fleißigen Frauen und Mädchen finden möge.

Potsdam.

Gussi von Reden.

Das Material.

Zur Ausschnitt-Stickerei wird in der Hauptsache glattes weißes Leinen verwendet; feste gute Gewebe, zusammen mit der schönen, mühevollen Arbeit, ergeben Gegenstände von großer Dauerhaftigkeit. Zur Ausführung der Stäbe nimmt man Leinenzwirn Nr. 50 oder 60 für feines Leinen, Nr. 25 für grobes Leinen. Die Umrandung aller Formen in Langettenstich geschieht mit glänzendem gedrehtem Stickgarn Nr. 16, 25, 30, 40 oder noch feiner. Beim Einkauf achte man darauf, nur deutsches Stickgarn anzunehmen. Eingeschobene Löcher werden ebenfalls mit gedrehtem Stickgarn, Plattstichformen dagegen mit weichem, teilbarem Garn ausgeführt. Man achte darauf, daß die Nadel gut zum Faden paßt, damit sie leicht durch das Leinen hindurchgeht. — Außer weißem Leinen wird auch häufig graues oder farbiges Leinen verwendet; man stickt darauf je nach der beabsichtigten Wirkung mit gleichfarbigem oder abstechendem Garn, die Stäbe müssen dann auch in Garn gearbeitet werden. Eine feine Wirkung wird erreicht, wenn man mit schwarzem Garn oder Seide auf weißem Stoffe stickt. Sollen Wollstoffe mit Ausschnitt-Stickerei verziert werden, so darf man nur glatte, feste Gewebe, wie Tuch oder dichten Kaschmir, nehmen.

Die Aufzeichnung.

Schöne Muster sind die Hauptsache bei der Ausschnitt-Stickerei. Da der Grund nach Vollendung der Stickerei stets fortgeschnitten wird, so liegen die Formen auf abstechendem Grunde; dadurch hebt sich alles scharf und bestimmt ab. Erstrebenswert ist es natürlich, daß jeder sich das Muster selbst entwerfen möchte und dann sticken. Aber jeder kleine Fehler des Musters, jede unschöne Linie macht sich erbarmungslos geltend und verdirbt die bestausgeführte Stickerei. Das schöne Muster muß deshalb auch tadellos auf den Stoff übertragen werden. Man lege ein Stück Pauspapier, genau so groß wie die geplante Arbeit, auf unsere naturgroßen Mustervorlagen und ziehe jede Linie sorgsam nach. Bei vielen unserer Muster ist nur die Hälfte, ein Viertel oder ein Achtel gegeben, dann übertrage man das vollständige Muster erst auf das Pauspapier und achte darauf, daß alle Ansatzstellen genau stimmen. Die Leinwand lege man auf ein großes Reißbrett — in Ermangelung dessen kann ein glattes Tischbrett dienen — und stecke das Muster glatt darauf mit Reißnägeln fest. Der Gewebefaden muß möglichst fadengerade zum Muster laufen. Die Reißnägel, die stets kleine Spuren in feinem Leinen zurücklassen, sind im Grunde festzustecken, dieser wird nachher ja fortgeschnitten. Zwischen Leinen und Pauspapier schiebe man nun ein Stück blaues Kopierpapier, welches man vor der Benutzung scharf mit einem Lappen abreibt, damit es nicht schmiert; die Fettseite muß auf dem Stoffe liegen. Dann zeichnet man mit hartem, spitzem Bleistift Strich für Strich nach. Nach Vollendung der Aufzeichnung werden alle Linien mit einem in Spiritus getränkten Wattebausch betupft, um die Aufzeichnung haltbar zu machen. — Das Aufzeichnen größerer Arbeiten erfordert eine gewisse Geschicklichkeit. Wer diese nicht hat, bediene sich der **Beyer-Abplättmuster,** die zu jedem Gegenstande in diesem Buche angeboten sind. Man legt ein Abplättmuster — genaue Gebrauchsanweisung liegt jedem bei — auf den Stoff, steckt es an den Rändern sorgsam fest und plättet mit dem **heißen Eisen** sehr vorsichtig über die Papierfläche, so wird eine tadellose Aufzeichnung erzielt. Abplättmuster sind nur auf hellen Stoffen zu verwenden, sie sind nur von der **Beyer-Schnitt-Abteilung Leipzig** erhältlich. **Beim Bestellen ist die Nummer des Beyer-Abplättmusters anzugeben.** Die Nummer steht unter jedem Bilde und neben jeder Vorzeichnung auf den Beilagen.

Langettieren eines Stäbchens mit verkehrt genommener Nadel.

Ausführung eines dreiteiligen Stäbchens.

Ausführen der Stickerei.

Wird festes weißes Leinen benutzt, so kann man Ausschnitt-Stickerei ohne Aufspannen des Stoffes machen. Feiner Batist, Mull oder Seide dagegen müssen auf Pausleinen oder Wachstuch aufgeheftet werden. Man beginnt mit den Stäben, die die Formen untereinander verbinden. Man macht mit Zwirn ein paar Vorstiche in der Aufzeichnung und unterspannt den Stab dann, von einer Form zur andern greifend, mit drei bis vier Fäden. Dann langettiert man ihn recht dicht und gleichmäßig und achtet darauf, daß der Stab am Anfang und Ende ganz glatt aufliegt, damit er sich später nicht drehen kann. Selbstverständlich darf beim Langettieren nirgends in den Stoff gefaßt werden, weil dieser doch nachher fortgeschnitten werden soll. Die Arbeit wird erleichtert, wenn die Stäbe mit der

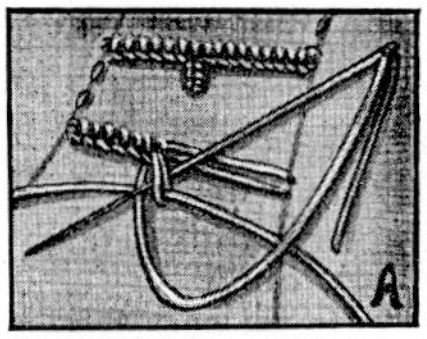

Ausführung eines Öschens über Hilfsfäden.

verkehrt genommenen Nadel langettiert werden, wie unsere Abbildung es zeigt. In der Aufzeichnung her zieht man dann weiter bis zum nächsten Stabe. — An manchen Stellen müssen drei Musterformen miteinander verbunden werden. Hier spannt man zuerst einen Stab etwas lose, langettiert ihn bis zur Mitte, spannt dann den halben Stab, langettiert diesen zurückkommend und vollendet dann den ersten Stab. — Bei spinnenartig sich treffenden Stäben spannt man einen Bogen für zwei Beine, langettiert den Bogen nur bis zur Mitte und spannt von hier aus die Fäden für ein drittes, viertes und fünftes Bein und langettiert das erste Bein zum Schluß. Die Mitte einer solchen Spinne wird mit einem Ring gearbeitet. Eine hübsche Bereicherung der Stäbe ergeben angearbeitete Öschen. Bei festen Ösen (s. Abbildung links) bildet man um den festzuhaltenden Hilfsfaden A eine kleine Schlinge, macht zwei bis drei Langettenstiche um die Schlinge und führt den Faden von der Spitze des kleinen, ganz festen Öschens wieder zum Stabe zurück. Den Hilfsfaden entfernt man dann. Leichter zu arbeiten sind Öschen, die man um die Nadel wickelt, wie die Abbildung in der Mitte zeigt. — Da wo die Stäbe große Stellen des Grundes füllen sollen, werden manchmal vier bis sechs Fäden gespannt und diese, wie bei der Hardanger Arbeit, durchstopft (s. Abb. rechts). Bei manchen neuen Mustern sind die Formen nur in Art der Lochstickerei beschlungen. Dann arbeitet man gedrehte Fäden als Stäbe gleich beim Vorziehen mit Stickgarn und streicht den Stoff beim Sticken unter. Nach Vollendung der Stäbe bezieht man alle Formen mit Stickgarn mit kleinen Vorstichen ein- bis zweimal; an Stellen, wo die Umrisse breiter sind oder etwas erhaben wirken sollen, wird dies durch Unterziehen mit Kettenstichen erreicht. Man hüte sich, den Stoff beim Vorziehen einzuziehen. Zum Schluß langettiert man alle Formen dicht und gleichmäßig und achtet darauf, daß der Langettenrand stets nach außen liegt, damit der Stoff nach dem Ausschneiden vollständig gesichert ist.

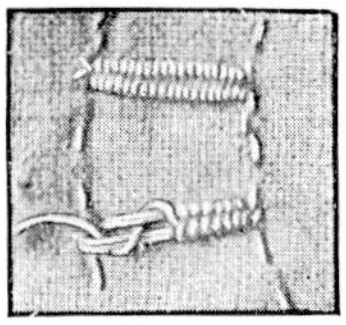

Durchstopfter Stab.

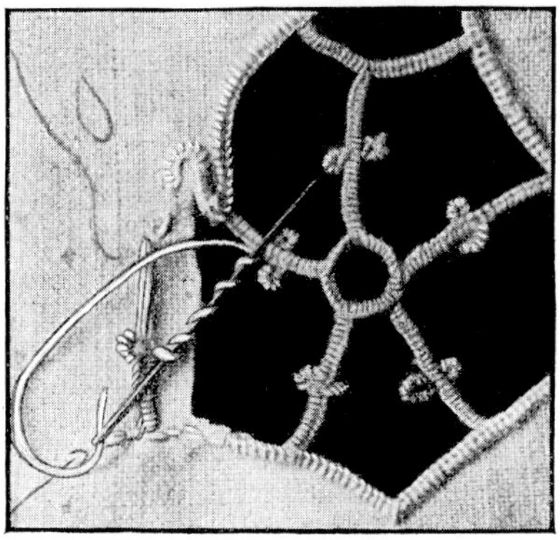

Ausführung einer gewickelten Oese. Große Spinne mit ringartiger Mitte.

Vollendung der Arbeit.

Erst wenn die Arbeit ganz vollendet ist, wird mit dem Fortschneiden des Stoffes zwischen den Formen begonnen. Von rechts aus bezeichnet man sich alle wegzuschneidenden Stellen mit kleinen, eingeschnittenen Kreuzen und schneidet dann, sorgfältig die Stäbe schonend, an allen Langettenrändern entlang. Der überflüssige Stoff nach außen bleibt vorläufig stehen. Dann prüft man, ob man eingezogen hat oder nicht. Ist dies nicht der Fall, so legt man die Stickerei zwischen feuchte Tücher, plättet sie und schneidet erst dann den Außenrand fort, falls nicht Säume oder Fransen den Abschluß bilden. Ist die Arbeit aber stark eingezogen, so spannt man sie sorgfältig fadengerade auf einem festen Kissen oder einer Matratze auf und zieht und dehnt so lange, bis jedes Fältchen verschwindet. Mit einem darauf gelegten feuchten Tuch bedeckt, läßt man die Arbeit ungefähr 24 Stunden lang stehen, entfernt das Tuch und läßt alles aufgespannt trocknen. Erst wenn man nach dem Abstecken sieht, daß die Arbeit tadellos glatt ist, schneidet man den äußeren Rand auch noch aus.

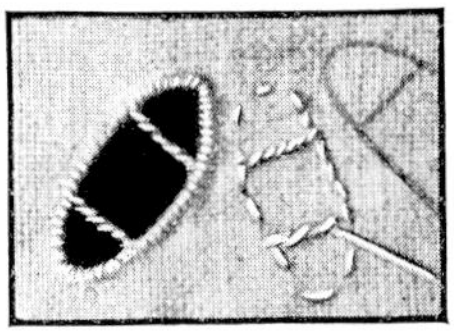

Bei Formen, die im Lochstich umrandet sind, werden die Stäbe beim Vorziehen gearbeitet.

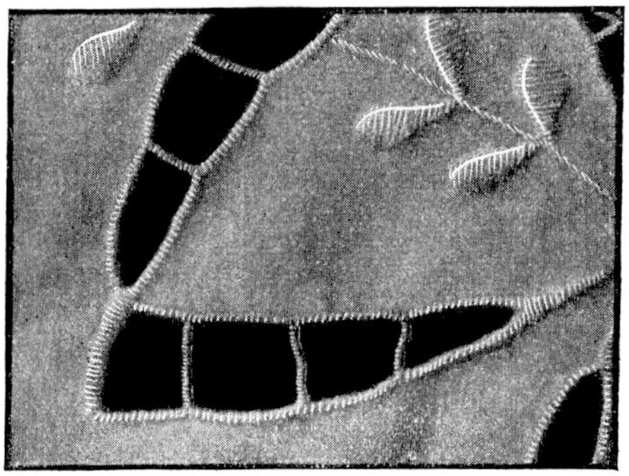

Schleifenartige Form mit Umrandung in Lochstich.

Zwei lange Kragen.

Links: Beyer-Abplättmuster Nr. 20328/III. Preis 3 M.

Rechts: Beyer-Abplättmuster Nr. 20329/III. Preis 3 M.

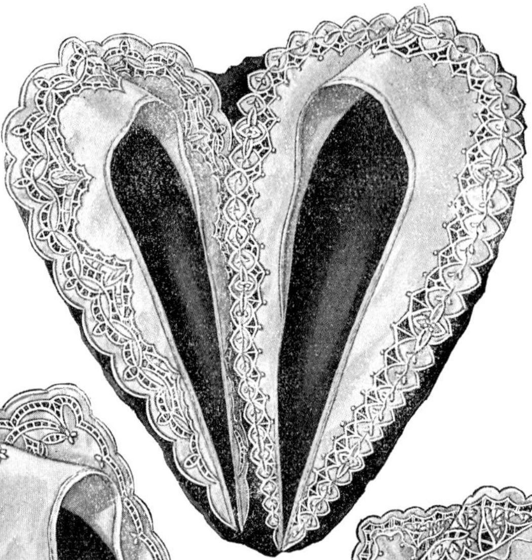

Zwei lange Kragen.

Muster 39 auf Beilage II.

Bei Anfertigung der langen Kragen (Muster 39 zu dem Kragen rechts) probe man den Schnitt erst sorgfältig aus, ehe man die Muster auf den Stoff überträgt.

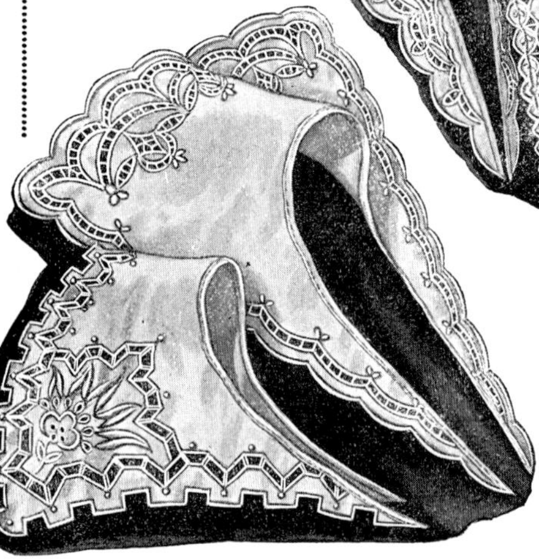

Kragen mit betontem Eckmuster, Beyer-Abplättmuster Nr. 20330/III. Preis 3 M.

Kragen mit breiter hinterer Kante. Beyer-Abplättmuster Nr. 20331/III. Preis 3 M.

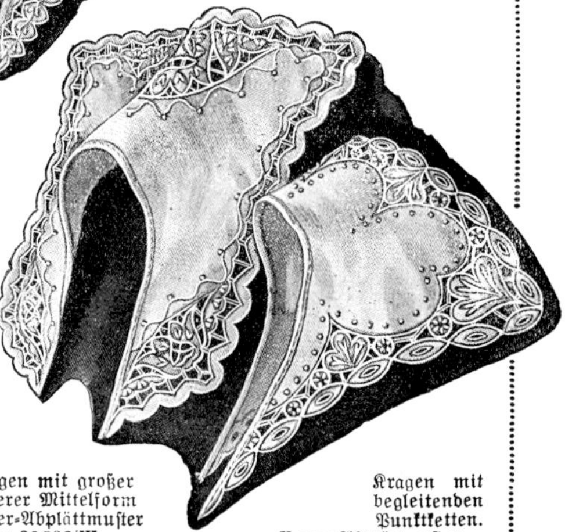

Kragen mit großer hinterer Mittelform Beyer-Abplättmuster Nr. 20332/III. Preis 3 M.

Kragen mit begleitenden Punktketten. Beyer-Abplättmuster Nr. 20333/III. Preis 3 M.

Vier Kragen für Jacken oder Kleider.

Muster 54 und 53 auf Beilage III und 22 und 23 auf Beilage II.

Die reichen Muster dieser vier Kragen sind in verschiedener Art auf Ecken oder Mitte verteilt. Die Vorzeichnungen, mal breit, mal schmal, passen sich gut den Schnitten an.

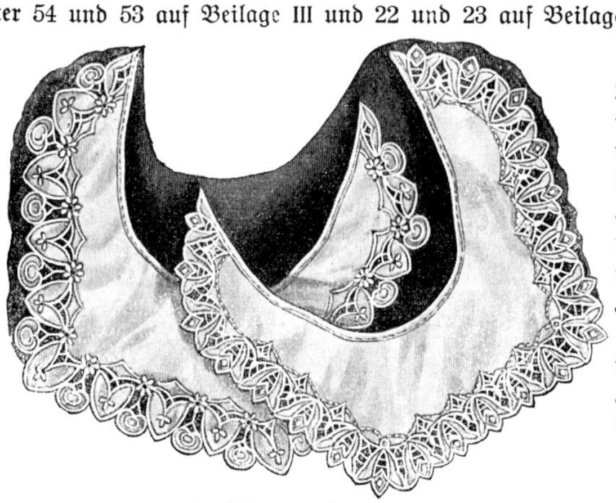

Im Zeichnen geschickte Hände werden leicht dazu passende Kanten zusammenstellen können, wenn ein Kleid Stickerei übereinstimmend mit dem Kragen erhalten soll.

Zwei Kragen mit Kante.

Beyer-Abplättmuster Nr. 20337/II. Preis 2 M.

Beyer-Abplättmuster Nr. 20338/II. Preis 2 M.

Zwei Kragen mit Kanten.

Muster 51 und 52 auf Beilage III.

Die beiden in der Form zierlichen Kragen zeigen an den Rändern gleichmäßig breite, fortlaufende Kanten mit wenig abweichenden Eckbildungen. Zu beachten ist, daß die Plattstichformen, die mit weichem glänzendem Garn gestickt werden, genau die Vorzeichnung innehalten.

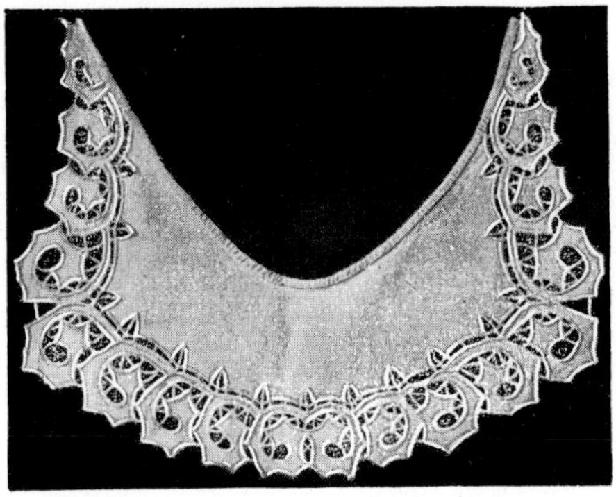

Kragen mit geschwungenen Blattformen.
Beyer-Abplättmuster Nr. 20109/II, Preis 2 ℳ.

Kragen mit geschwungenen Blattformen.

Muster 3 auf Beilage I.

Die den Rand bildenden Blattformen sind nach innen von einem klaren, ziemlich dicht mit Stäbchen zusammengehaltenen Streifen begleitet, der in spitzen Zacken in den glatten Stoff hineingreift.

Drei Kragenecken zum Einheften.

Beyer-Abplättmuster Nr. 20334/I. Preis 1 ℳ. | Beyer-Abplättmuster Nr. 20335/I. Preis 1 ℳ. | Beyer-Abplättmuster Nr. 20336/I. Preis 1 ℳ.

Drei Krageneckenzum Einheften.

Muster 87, 85 und 86 auf Beilage IV.

(S. die Abbildungen auf dieser Seite.)

Kleine Abfallstücke von Leinen und Batist sind immer noch verwendbar zu den hübschen Einheftkragen, die besonders dem einfachen Hauskleid solch sauberen, feinen Abschluß geben. Die Abbildung rechts unten lehrt, wie man beim Vorziehen die Formen untereinander verbindet in Schlangenlinien und wie der Verbindungsbogen AB beim Vorziehen gleich ganz fertig gemacht wird.

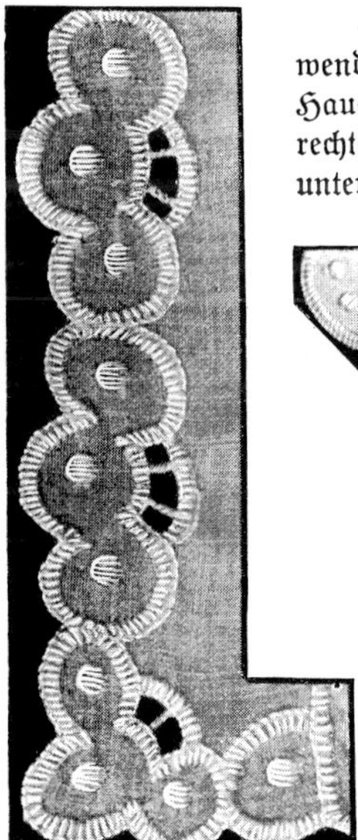

Gestickte Ecke zum Kragen Nr. 20336.

Gestickte Ecke, verkleinert, zum Kragen Nr. 20335.

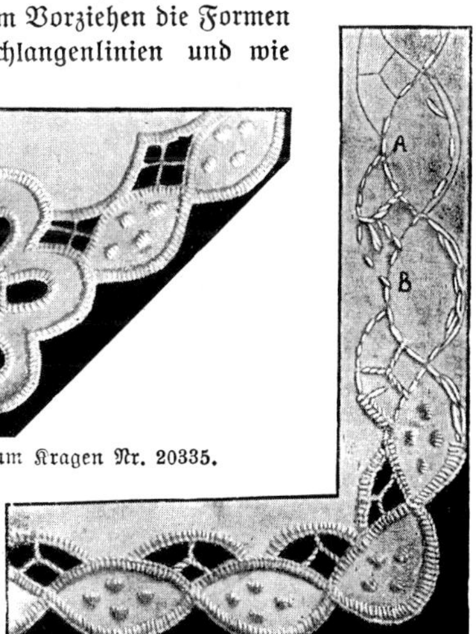

Ausführung des Vorziehens und der Stickerei zum Kragen Nr. 20334.

Unterleibchen mit angeschnittenen Ärmeln. Beyer-Abplättmuster Nr. 20339/II. Preis 2 M.

Unterleibchen mit angeschnittenen Ärmeln.

Muster 58 auf Beilage III.

Das Unterleibchen mit feiner reichen vorderen Stickerei und dem reizenden Käntchen am Halsausschnitt und an den Ärmeln soll unter einer ganz klaren, ohne jeden Schmuck gefertigten Bluse aus Tüll oder Schleierstoff getragen werden. Im Rücken wird das Unterleibchen, welches leicht gekraust in den Bund genommen ist, mit Leinenknöpfen geschlossen. Unsere Abbildung zeigt die reiche Stickerei, bei der die schleifenartigen Formen durch Reihen kleiner Knopflochstiche gefüllt werden.

Stickereiteil zum Unterleibchen mit angeschnittenen Ärmeln.

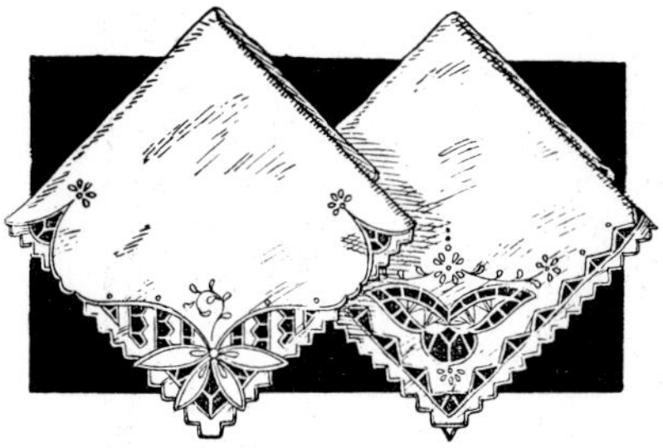

Taschentücher.
Beyer-Abplättmstr. Nr. 20307/II. Preis 2 M.
Beyer-Abplättmstr. Nr. 20308/II. Preis 2 M.

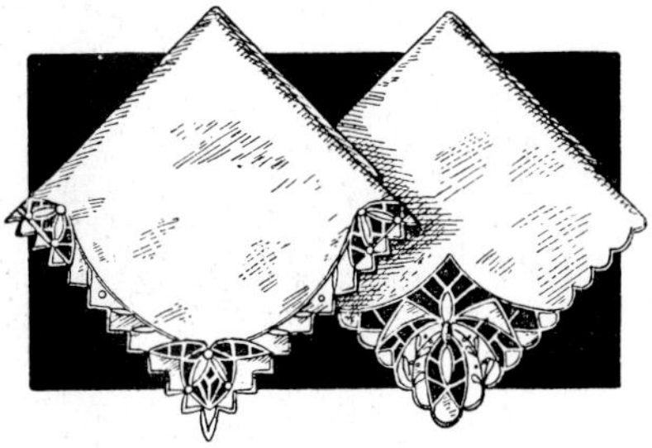

Taschentücher.
Beyer-Abplättmstr. Nr. 20340/I. Preis 2 M.
Beyer-Abplättmstr. Nr. 20341/II. Preis 2 M.

Vier Taschentücher mit reicher Stickerei.

Muster 88 bis 90 auf Beilage IV und Muster 38 auf Beilage II.

Bei unseren hübschen Vorbildern sind stets alle vier Ecken mit reichen Stickereien verziert; da an allen Mustern Langetten ringsum laufen, genügt es auch, wenn nur eine Ecke so reich verziert wird.

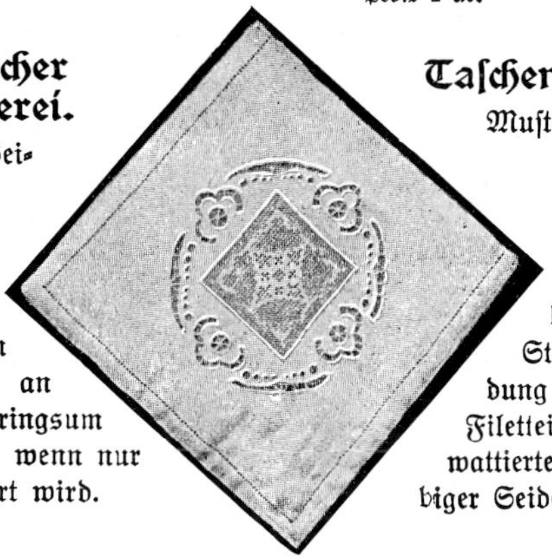

Taschentuchbehälter.
Beyer-Abplättmuster Nr. 20113/I. Preis 1 M.

Taschentuchbehälter.

Muster 14 auf Beilage I.

Die obere Seite des aus weißem Batist gefertigten Taschentuchbehälters zeigt bescheidene Ausschnitt-Stickerei als Umrandung eines $6^1/_2$ cm großen Filetteiles. Das innere, gut wattierte Futter ist mit farbiger Seide bezogen.

Drei Kragenecken zum Einheften.

Beyer-Abplättmuster Nr. 20343/I. Preis 1 M.

Beyer-Abplättmuster Nr. 20344/I. Preis 1 M.

Beyer-Abplättmuster Nr. 20345/I. Preis 1 M.

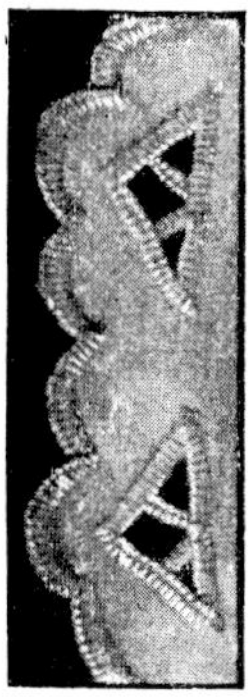

Zackenkante mit Dreieckform zum Deckchen Nr. 20112 auf Seite 27.

Drei Kragenecken zum Einheften.

Muster 35, 37 und 36 auf Beilage II.

Sowohl zum Einheften in den Kragen, als auch zur Verzierung der Ärmelbunde sind die zierlichen Stickereien, die aus jedem kleinen Leinen- oder Batistrest zu machen sind, gut zu verwenden.

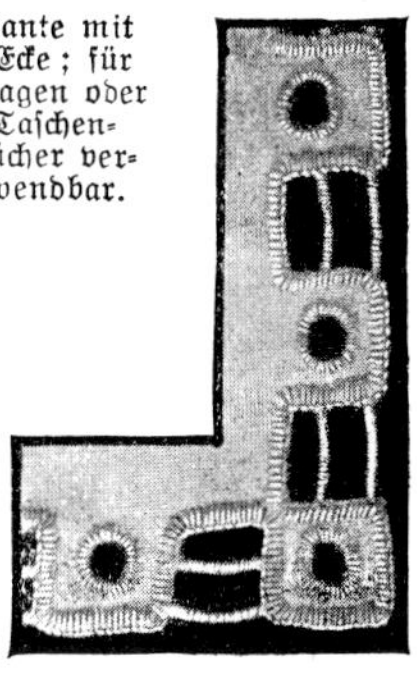

Kante mit Ecke; für Kragen oder Taschentücher verwendbar.

Bluse mit gestickten Kragenteilen.

Bei der aus feinem Batist angefertigten Bluse sind der große Kragen und die zurückgeschlagenen Ecken der Vorderteile reich bestickt.

Bluse mit gestickten Kragenteilen.
Beyer-Abplättmuster Nr. 20346/V. Preis 5 M.

Breite Spitze aus handgeknüpftem Netz*) mit feiner Stopfarbeit vervollständigt die feine Bluse.

*) Zählmuster zur Spitze enthält das Buch „Filet-Arbeiten" III von Marie Niedner. Verlag Otto Beyer, Leipzig.

Schoßbluse. Beyer-Abplättmuster Nr. 20347/V. Preis 5 M.

Beyer-Abplättmuster Nr. 20348/VI.
Bluse mit tiefem Ausschnitt.
Preis 6 M.

Schoßbluse.

Kräftiges Leinen oder Baumwollstoff ergibt das Material der hemdartig geschnittenen Bluse mit Schoß. Das mittelste gestickte Viereck auf dem Vorderteil ist $6^1/_2$:24 cm groß, die beiden danebenstehenden Teile ebenso wie die Stickerei vorn auf dem Schoß sind nur 19 cm lang. Auf dem Rückenteil des Schoßes kann die Stickerei auch fortfallen. Schmale Falbeln aus feinem Batist verzieren den Ausschnitt und die Ärmelnaht und bilden nach unten den Abschluß.

Bluse mit tiefem Ausschnitt.

Bei der aus feinem Leinen gefertigten Bluse läuft die reiche Stickerei rings um den tiefen Ausschnitt und setzt sich auf Vorderteil und Rücken in gleichlangen Mustern fort. Auf der Schulter halten schleifenartige Formen die Blumen zusammen, die Bandenden fallen über die Schulter. Der 7 cm breite Stickereistreif des Ärmels kann auch für einen dazu passenden Rock verwendet werden.

Bluse mit reichen Schmuckfalten. Beyer-Abplättmuster Nr. 20 298/III. Preis 3 M

Bluse mit reichen Schmuckfalten.*)

Zu der an ungarische Vorbilder erinnernden Bluse schneidet man den weichen, krepp-artigen Stoff fast fadengerade zu, führt die Ausschnitt-Stickerei auf Oberarm und Halsbündchen so aus, wie die untenstehende Abbildung zeigt, und verziert die Bluse am Halsrand und an den Ärmelbündchen mit Schmuckfalten.

*) Anleitung zur Ausführung der verzierten Kräuselei bietet das Buch: „Schmuckfalten" von Marie Niedner. Verlag Otto Beyer, Leipzig.

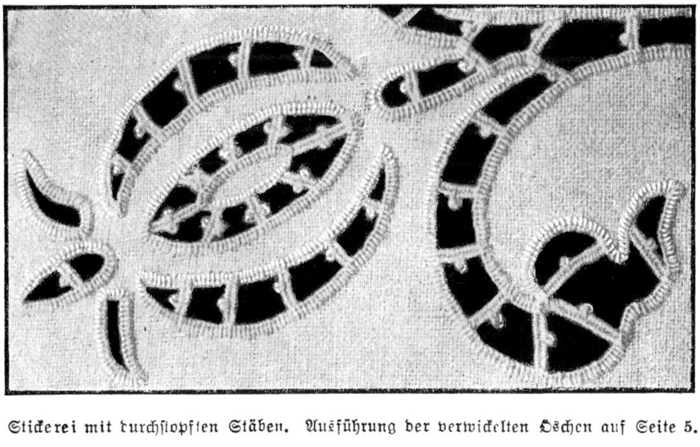

Stickerei mit durchstopften Stäben. Ausführung der verwickelten Öschen auf Seite 5.

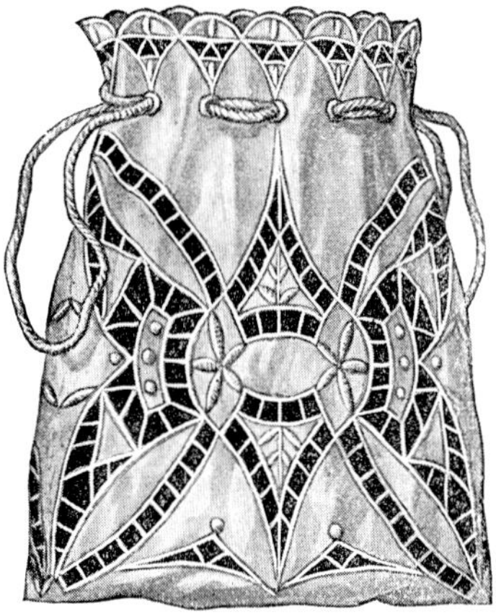

Handtäschchen mit gesticktem Kopf.
Beyer-Abplättmuster Nr. 20 352/III.
Preis 3 ℳ.

Handtäschchen mit gesticktem Kopf.

Muster 61 auf Beilage III.

Bei dem 19 : 23 cm großen Handtäschchen sind Vorder- und Rückwand aus gelblichem Leinen gleichmäßig mit der reichen Stickerei nach Muster 61 verziert. Das prachtvolle Muster läßt sich auch als schmale und breite Kante für Kleid oder Bluse benutzen.

Beutel mit Vogel.
Beyer-Abplättmuster Nr. 20 342/III
Preis 3 ℳ.

Vierteiliger Beutel.

Muster 62 auf Beilage III.

Bei dem 26 cm langen, 36 cm weiten Beutel aus feinem Batist wiederholt sich das 9 cm breite Muster viermal, nach unten hin werden die Teile spitz abgenäht. Am oberen Rande gibt man 12 cm Stoff zu, schlägt ihn als Kopf um und stickt die obere kleine Kante und die Durchzugslöcher in den doppelten Stoff; das farbige Futter wird dann dem Stoffrand gegengesäumt.

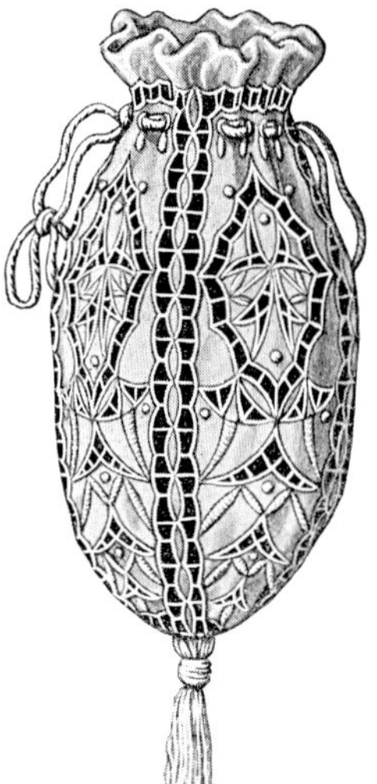

Vierteiliger Beutel.
Beyer-Abplättmuster
Nr. 20353/III. Preis 3 ℳ.

Beutel mit Vogel.

Bei dem 18 : 26 cm großen Beutel aus feinem Batist muß für den 2 cm hohen Kopf soviel Stoff zugegeben werden, daß die obere Kante und die länglichen Zuglöcher in doppelten Stoff gearbeitet werden. Das farbige Seidenfutter wird dann dem Stoff gegengesäumt, so daß es zum Waschen leicht entfernt werden kann. Die zweite Seite des Beutels erhält nur die obere Kante und die Seitenkäntchen, nach unten mit der Spirallinie endigend.

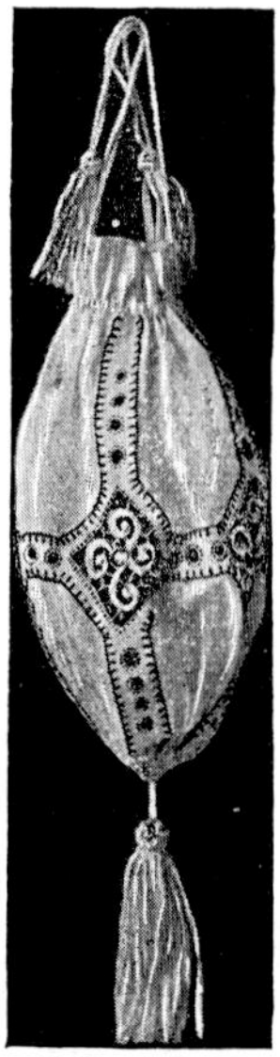

Weißer Beutel mit lila Überfangstreifen. Beyer-Abplättmuster Nr. 20 349/II. Preis 2 ℳ.

Zwei Beutel mit Überfangstreifen.

Die beiden praktischen Beutel sind jeder 36 cm lang bei 60 cm Weite, für Kopf und Schnüre sind 6 cm in der Länge zuzugeben. Bei dem einen Beutel aus weißem Leinen sind die Überfangstreifen aus lila Leinen schwarz gestickt und schwarz auflangettiert, bei dem andern Beutel aus grauem Leinen ist dieser selbst bestickt und die Überfangstreifen aus grünem Leinen schwarz auflangettiert.

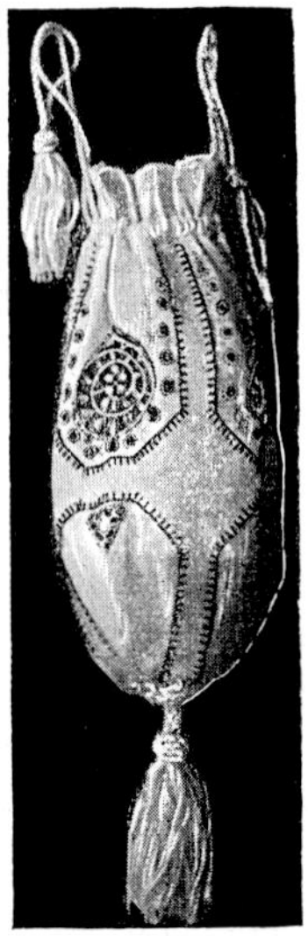

Grauer Beutel mit grünen Überfangstreifen. Beyer-Abplättmuster Nr. 20350/II. Preis 2 ℳ.

Schürze mit reichgesticktem unterem Abschluß.

Vorzeichnung: Muster 83 auf Beilage IV.

An der 63 cm langen und 58 cm breiten Schürze aus feinem Leinen bildet ein gefälliges Blumenmuster den breiten unteren Abschluß. Die vielen Stäbchen des klaren Musters sind teilweise spinnenartig um kleine Stoffrunds gestellt. Die runden Löcher, die die Blumenblätter füllen, und die länglichen Löcher, die in den Blättern Adern bilden, können auch dick gestickt werden. Am oberen, nur 32 cm breiten Rand wird der Stoff zu Köpfchen gezogen und links mit Band sauber gemacht; die Bindebänder aus Stoff schließen mit drei Langetten ab.

Schürze mit reichgesticktem unterem Abschluß.
Beyer-Abplättmuster Nr 20351/III.
Preis 3 ℳ.

Zwei Schürzen.

Bei der vorderen Schürze steigen schmale Käntchen von dem breiten unteren Muster in die Höhe und gliedern sie geschmackvoll. Bei der zweiten Schürze liegt der Schwerpunkt des Musters in der Mitte mit dem Vogel (siehe auch den Beutel mit Vogel auf nebenstehender Seite), von da aus schwingt sich das Muster gefällig nach den Seiten und verläuft schmal.

Schürze mit schmalen Teilungskanten.
Beyer-Abplättmuster Nr. 20354/III.
Preis 3 ℳ.

Schürze mit Vogelmuster.
Beyer-Abplättmuster Nr. 20355/III.
Preis 3 ℳ.

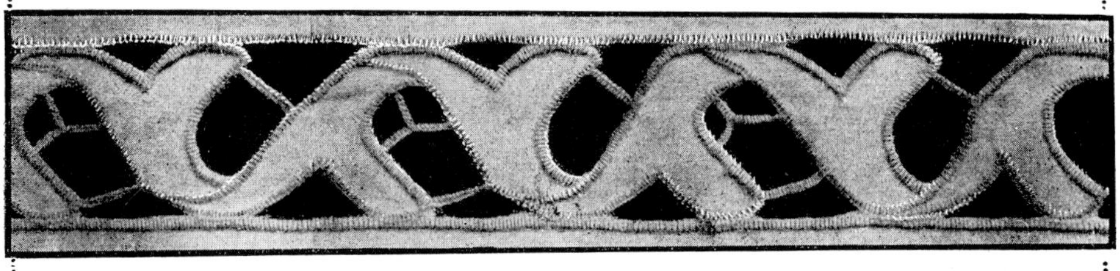

Schmale Kante zu beliebiger Verwendung.
Beyer-Abplättmuster Nr. 20398/I, $2^1/_2$ cm breit, das Meter 1 ℳ., Nr 20399/II, 5 cm breit, das Meter 2 ℳ.

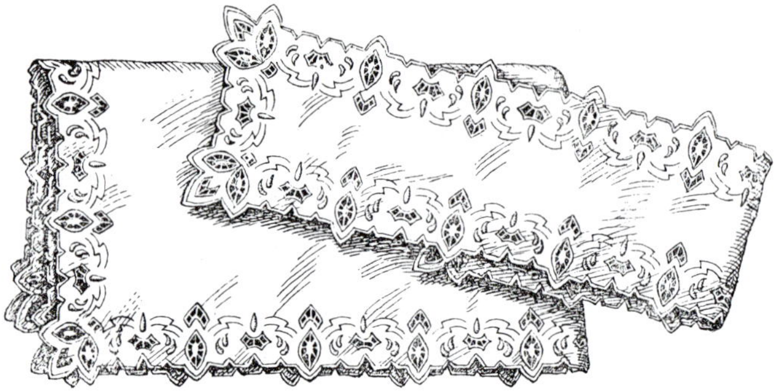

Decken mit besticktem Rand für den Waschtisch.
Beyer-Abplättmuster Nr. 20356/II. 1 Meter mit Ecke 2 M.

Decken mit besticktem Rand für den Waschtisch.

Einfache Holzwaschtische, wie man sie in den Gaststuben noch häufig hat, bedeckt man gern, um ihnen dadurch ein gefälligeres Aussehen zu geben. Für den Aufsatz des Waschtisches arbeitet man die fortlaufende 3 cm breite Kante für sich und setzt sie an das genau passend große Deckenteil so an, daß die Kante gerade herunter hängt. Für den Waschtisch selbst arbeitet man die Decke nur glatt aufliegend und stickt die Kante gleich mit abgepaßter Ecke.

Nadelkissen.
Beyer-Abplättmuster Nr. 20357/I. Preis 1 M.

Nadelkissen.

Muster 60 auf Beilage III.

Den Bezug des 14 cm großen Nadelkissens verziert man auf der oberen Seite mit dem untenstehenden 10 cm großen Viereck. Die Löcher in den kelchartigen Formen sind mit einer Reihe beschlungener Knopflochstiche gefüllt. Außerhalb des Vierecks sind in den Ecken vier große Löcher gearbeitet, ebenfalls mit einer Reihe Knopflochstiche und Spinnen gefüllt. Reiche Arbeiten in dieser Art lehrt das Buch „Hedebo-Arbeiten“ von Gussi v. Reden, Verlag Otto Beyer in Leipzig.

Kopfkissen und Ueberschlaglaken mit reich gestickten Ecken.
Zum Kopfkissen: Beyer-Abplättmuster Nr. 20358/III. Preis 3 M. Zum Ueberschlaglaken: Beyer-Abplättmuster Nr. 20359/III. Preis 3 M.

Kopfkissen und Ueberschlaglaken mit gestickten Ecken.

Die einfache, aber ausdrucksvolle Vorzeichnung der an den Seiten 31 cm großen Ecken stickt sich rasch und leicht in kräftigem Leinen. Von besonderem Reiz ist die fast 4 cm breite Kante, bei der die große Mittelöffnung durch eine Halbspinne gefüllt wird.

Sechs Deckchen für den Waschtisch.

Vorzeichnungen zu vier Deckchen: Fig. 92 bis 95 auf Beilage IV.

Die hübschen Deckchen, aus kräftigem weißem Diagonal gefertigt, zeigen alle das gleichespitzzackige Muster, 3 bis 5 cm breit, der Form der Deckchen angepaßt. Das Deckchen unter das Glas ist 13 cm, für den Krug 20 cm, für die Waschschale 47 cm im Durchmesser groß. Für die Zahnbürstenschale mißt es 13 : 30 cm, für die Seifenschale 13 : 21 cm, für das Nachttischdeckchen 40 : 40 cm. Will man die Deckchen größer haben, so gibt man einen 2 cm breiten Rand zu, langettiert den äußeren Strich des Abplättmusters und setzt ein Spitzchen als Abschluß an.

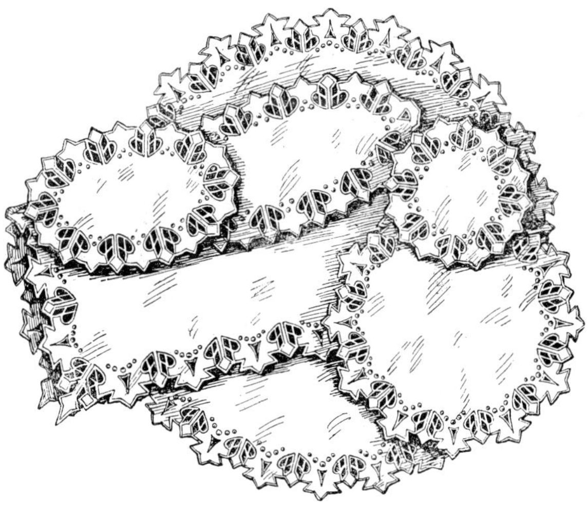

Beyer-Abplättmuster für das Glas, Nr. 20360/I, Preis 1 M.; für den Krug Nr. 20361/I, Preis 1 M.: für die Waschschale Nr. 20362 II, Preis 2 M.; für die Zahnbürstenschale Nr. 20363/I, Preis 1 M.; für die Seifenschale Nr. 20364/I, Preis 1 M.; für den Nachttisch Nr. 20365/II, Preis 2 M.

Vorhang mit reichem Vogel- muster.

Muster 5 bis 9 auf Beilage I.

Bei dem aus grauem Leinen gefertigten Vorhang wird die Stickerei mit weißem Garn ausgeführt, das dunkelgrüne Futter steht am vorderen Rand schmal vor. Jeder Seitenflügel ist 60 cm breit, der Überfall ist etwas breiter zu schneiden. Bei den großen Stickereiteilen auf Flügeln und Überfall ist das Muster das gleiche, nur mit Pfauentaube oder zwei Tauben. Diese Vierecke sind auch gut als Kissen zu verwenden.

Greifenkopf zur Scheibengardine Nr. 20 372.

Vorhang mit reichem Vogelmuster.
Beyer-Abplättmuster Nr. 20 366/II Vierecke zum Seitenschal, Nr. 20 867/II Vierecke zum Querschal, Preis je 2 Stück 2 M. Breiter Einsatz Nr. 20 368/II, Preis für 1 Meter 2 M. Schmaler Einsatz Nr. 20 369/I, Randkante Nr. 20 370/I, Preis für je 1 Meter 1 M.

Scheibenvorhang mit reicher Mitte.

Beyer-Abplättmuster Nr. 20371/IV, Preis 4 *M.*

Der aus feinem dunkelgelbem Leinen gefertigte Vorhang, 52 : 65 cm groß, ist mit weißem Garn gestickt.

Scheibenvorhang mit Tiermuster.

Beyer-Abplättmuster Nr. 20372/IV, Preis 4 *M.*

Bei dem aus feinem Leinenbatist hergestellten Vorhang, 50 : 56 cm groß, sind die mit stilisierten Tieren gefüllten Rechtecke durch kräftige Lochketten verbunden. Die nebenstehende Abbildung zeigt, wie das Maul des mittleren Ungeheuers von einer breiten, stark unterzogenen Langette gebildet wird. Um nach innen hin das Loch recht glatt zu erhalten, schlägt man den Stoff wie bei Lochstickerei ein.

Zwei Zugvorhänge.

Zugvorhang mit schmalen Querkanten. Beyer-Abplättmuster Nr. 20373/IV. Preis eines Meters der drei verschiedenen Abplättmuster 4 *M.*

Zugvorhang mit breiter Kante. Beyer-Abplättmuster zur Seitenkante Nr. 20374/II, zur breiten Kante mit Eckstück Nr. 20410/II, Preis je 2 *M* für 1 Meter.

Muster 80 u. 79 auf Beilage IV.

Bei dem Vorhang Nr. 20373 ist die untere Kante mit reichen eingefügten Formen in Plattstich 10 cm breit. Die kleine Querkante wird je nach der Länge des Vorhangs beliebig oft eingefügt. — Bei dem Vorhang Nr. 20374 ist die untere Kante 18, die Seitenkante 10 cm breit.

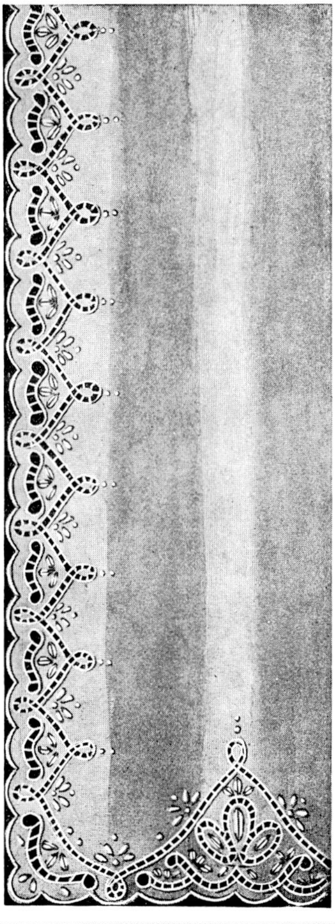

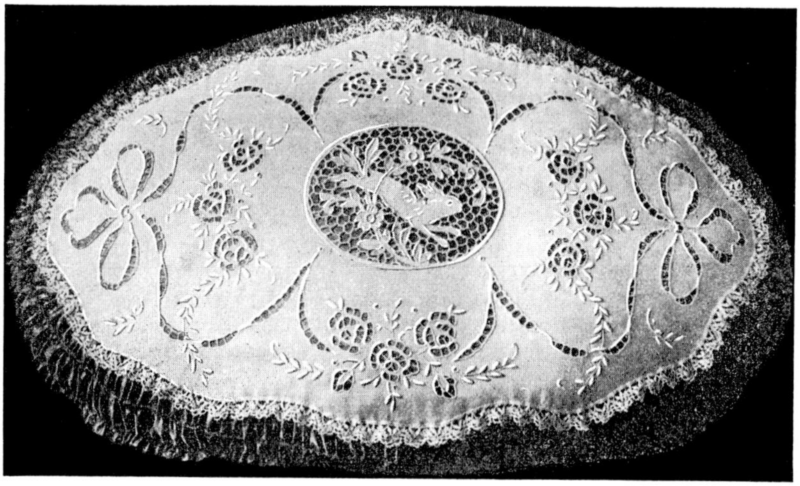

Großes Polster mit Mitte in Nadelspitze. Beyer-Abplättmuster Nr. 20376/IV. Preis 4 M.

Großes Polster mit Mitte in Nadelspitze.

Das mit lila Seide bezogene Polster ist am Rand mit einer breiten, dreimal in Köpfchen gezogenen Puffe verziert. Die aus feinem Batist gefertigte Auflage ist 51:84 cm groß und schließt an den bogigen Rändern mit geklöppelter Spitze. Die Ausschnitt-Stickerei ist in der Art der Lochstickerei, wie auf Seite 5 gezeigt ist, gearbeitet. Die 20:26 cm große Mitte aus Nadelspitze ist auch mit Unterlage von kräftigem Erbstüll in Ausschnitt-Stickerei zu arbeiten. Zu dieser kostbaren Arbeitsart findet sich genaue Anleitung in: „Nadelspitzen" von Gussi v. Reden, Verlag Otto Beyer, Leipzig.

Kissen aus farbigem Tuch. Beyer-Abplättmuster Nr. 20375/III. Preis 3 M.

Kissen aus farbigem Tuch.

Das 16:62 cm große Kissen aus graublauem Tuch zeigt eine hübsche Anwendung der Ausschnitt-Stickerei auch in farbig. Die Stäbe bestehen meist nur aus gespannten Wollfäden, die Umrisse sind mit bunten Seiden nicht zu dicht langettiert. Die Unterlage aus Seide muß in der Farbe gut abgestimmt sein.

Kissen mit ovalem Stickereikranz. Beyer-Abplättmuster Nr. 20377/II. Preis 2 ℳ.
Schlummerpuff mit einem bestickten Teil. Beyer-Abplättmuster Nr. 20378/II. Preis 2 ℳ.

Kissen mit reichem Stäbchengrund. Beyer-Abplättmuster Nr. 20380/IV. Preis 4 ℳ.

Kissen mit ovalem Stickereikranz.

Die Stickerei des zierlichen Kissens ist 25:38 cm groß, auf der Rückseite schließt der Bezug mit Druckknöpfen.

Schlummerpuff mit einem bestickten Teil.

Jeder Teil des Bezuges aus grauem Leinen ist 18:40 cm groß. Die eine Naht wird nicht zusammengenäht, sondern in dem hübschen Lochkäntchen zusammengeschnürt.

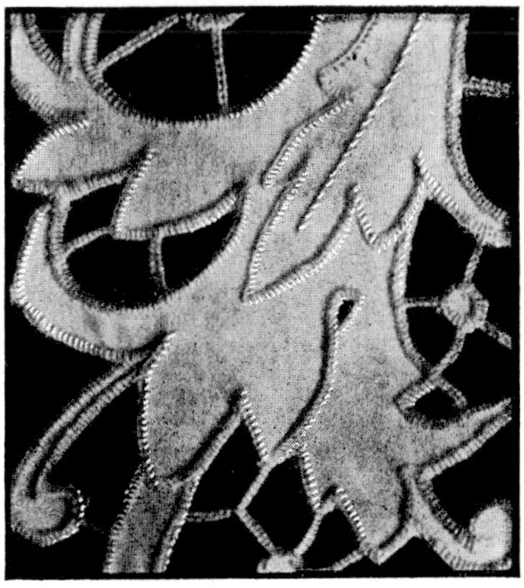

Stickereieinzelheit zum Schlummerpuff.

Kissen mit reichem Stäbchengrund.

Bei dem 53:68 cm großen Kissen aus starkfädigem weißem Leinen liegt das Muster in einem so reichen Stäbchengrund, daß diese Arbeit fast zu den Nadelspitzen gerechnet werden muß. Auf Seite 5 wird die Ausführung des Grundes und der gewickelten Oeschen gelehrt.

Decke aus Leinenresten mit geklöppelten Spitzen.
Beyer-Abplättmuster Nr. 20381/I. Preis einer Ecke 1 M, Beyer-Klöppelbrief zum Einsatz Nr. 80110/IV, Preis 4 M, zur Spitze mit Ecke und Mitte Nr. 80111/IV. Preis 4 M.

Decke aus Leinenresten mit geklöppelten Spitzen.

Muster 11 auf Beilage I.

Bei der 102 cm großen Decke sind nur die 46 cm breiten Dreiecke mit einem schön geschwungenen Muster in Ausschnitt-Stickerei verziert. 5 cm breite Einsätze und $5^1/_2$ cm breite Spitze, abgepaßt mit Ecke und Mitte geklöppelt, vervollständigen das schöne Stück.

Längliches Deckchen.
Beyer-Abplättmuster Nr. 20299/II. Preis 2 M.

Längliches Deckchen.

Das 14 : 32 cm große Deckchen ist aus weißer Seide gefertigt und mit weißer Seide gestickt, alle Plattstichformen sind stark unterlegt, damit sie sich kräftig abheben. Arbeitet man das gefällige Muster in Leinen mit Stickgarn, so verwendet man zum Plattstich glänzendes Garn.

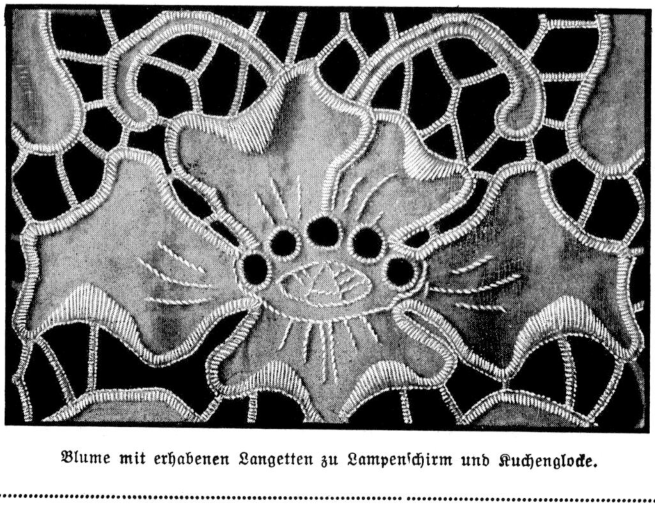

Blume mit erhabenen Langetten zu Lampenschirm und Kuchenglocke.

Kaffeewärmer mit waschbarem Bezuge.

Muster 81 auf Beilage IV.

Kräftiges graues Leinen ergibt den 34 cm hohen 40 cm breiten Bezug des großen Kaffeewärmers, die reiche Ausschnitt-Stickerei ist mit weißem Garn ausgeführt. Die beiden Seiten des mit grüner Seide belegten, ebenso groß geschnittenen Wattenfutters werden mit einem 6 cm breiten geraden Stoffstreifen (ebenso wattiert) verbunden, dadurch erhält der Wärmer ziemlich bedeutende Aufnahmefähigkeit. Die beiden gestickten Teile werden dem fertigen Futter aufgeschnürt, die hellgraue gehäkelte Schnur wird in jeder Kreuzung einmal verknotet. Für einen kleinen Wärmer genügt das Mittelmuster, welches auch als Kissen gut anzuwenden ist. Der 5 cm breite Streifen ist auch für Bettwäsche zu verwenden.

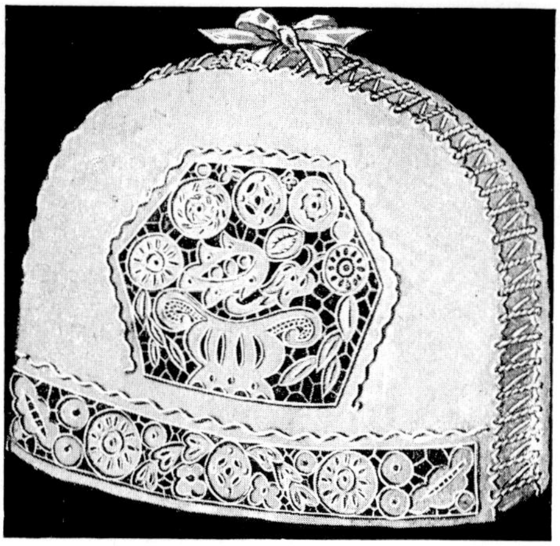

Kaffeewärmer mit waschbarem Bezuge.
Beyer-Abplättmuster Nr. 20 382/IV. Preis 4 M.

Lampenschirm mit Ausschnitt-Stickerei und durchstopftem Handfilet.
Beyer-Abplättmuster Nr. 20 383/III zur Ausschnitt-Stickerei, Preis 3 M.

Kuchenglocke mit Ausschnitt-Stickerei und durchstopftem Handfilet.
Beyer-Abplättmuster zum Rand in Ausschnitt-Stickerei Nr. 20384/III. Preis 3 M.

Lampenschirm mit Ausschnitt-Stickerei und durchstopften Filetteilen.

Vorzeichnung Fig. 82 auf Beilage IV.

Siehe die Abbildung auf Seite 20.

Das zehnteilige Drahtgestell wird mit Batistband bewickelt und dann mit farbiger Seide bezogen. Fünf Teile in Ausschnitt-Stickerei auf feinem Batist gestickt und fünf Teile aus Batist mit eingesetztem durchstopftem Handfilet werden auf die Seide gelegt, erst dann die Ränder mit Schnur und schmalen Rüschen sauber gemacht.

Kuchenglocke mit Ausschnitt-Stickerei und durchstopften Filetteilen.

Muster 81 auf Beilage IV.

Das Drahtgestell zur Kuchenglocke ist 12 cm hoch bei 30 cm Durchmesser. Alle Stäbe werden erst mit Band bewickelt, alles mit Tüll bezogen, erst dann legt man die Mitte aus durchstopftem Handfilet und den sechsteiligen Rand in Ausschnitt-Stickerei (Fig. 81) darauf und verziert alle Stäbe mit Rüschen aus farbigem Band. In der oberen Mitte eine volle Bandrosette mit Schlinge zum Anfassen.

Tischtuch aus vier Mundtüchern, mit gestickten Einsätzen und geklöppelter Mitte verbunden.
Beyer-Abplättmuster zu dem Einsatz Nr. 20385/II, Meter 2 M.
Klöppelbrief zum Mittelviereck Nr. 80120/II. Preis 2 M.

Tischtuch.

Vier Mundtücher aus feinem Drell, je 80 cm groß, sind mit reich gestickten Leinenstreifen, s. Abb. unten, Vorzeichnung Muster 40 auf Beilage II, verbunden. Die Leinenstreifen erhalten einen Abschluß von schmalen Hohlsäumen und werden mit der 13½ cm großen geklöppelten Mitte überwendlich zusammengenäht. Anstatt der geklöppelten Mitte kann man auch die Vorzeichnungen Muster 24 oder 25 auf Beilage II verwenden.

Decke aus vier Vierecken mit geklöppelter Spitze.

Muster 59 auf Beilage III.

Jedes der 30 cm großen Vierecke ist mit einer 21 cm großen, sehr reichen Ausschnitt-Stickerei verziert. Der geklöppelte Einsatz ist 8 cm, die abgepaßt mit Ecke gearbeitete Spitze 9½ cm.

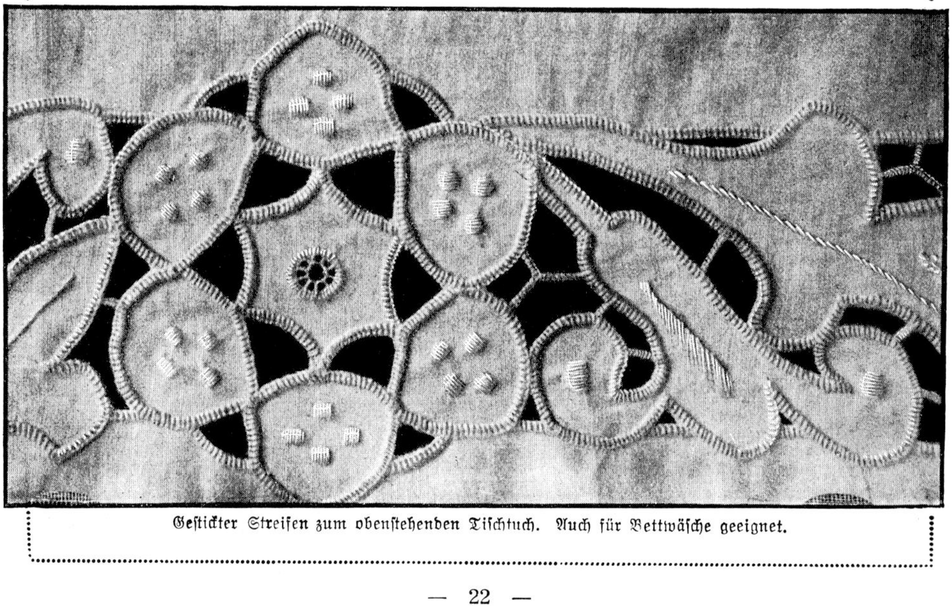

Gestickter Streifen zum obenstehenden Tischtuch. Auch für Bettwäsche geeignet.

Beyer-Abplättmuster Nr. 20 394/II. Preis eines Vierecks 2 M. Beyer-Klöppelbrief Nr. 80 112/V zum Einsatz 5 M, Nr. 80 113/V zur Spitze mit Ecke 5 M.

Tellerblättchen, Mundtuchtasche und Deckchen.

Vorzeichnung Fig. 24, 42 u. 25 auf Beilage II.

Die drei Gegenstände passen in der Musterung zum Tischtuch auf Seite 22, als auch zur untenstehenden Schänktischdecke. Siehe auch die breite Kante auf Seite 3, Vorzeichnung Figur 26.

Tellerblättchen Beyer-Abplättmuster Nr. 20 391/I. Preis 1 M.

Mundtuchtasche Beyer-Abplättmuster Nr. 20 392/I. Preis 1 M.

Kleines Deckchen. Beyer-Abplättmuster Nr. 20 393/I. Preis 1 M.

Schänktischdecke.

Muster 41 und 43 auf Beilage II.

Bei der beliebig lang zu arbeitenden Decke wird der 8 cm breite Einsatz Muster 43 von der 4 cm breiten Kante Muster 41 durch eine zweimal genähte Hohlnaht getrennt.

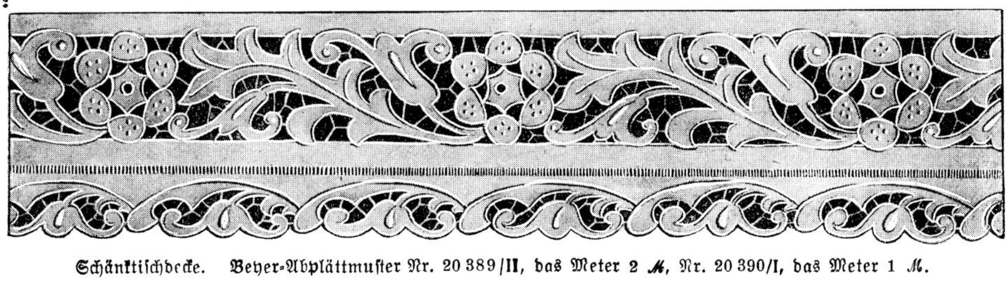

Schänktischdecke. Beyer-Abplättmuster Nr. 20 389/II, das Meter 2 M, Nr. 20 390/I, das Meter 1 M.

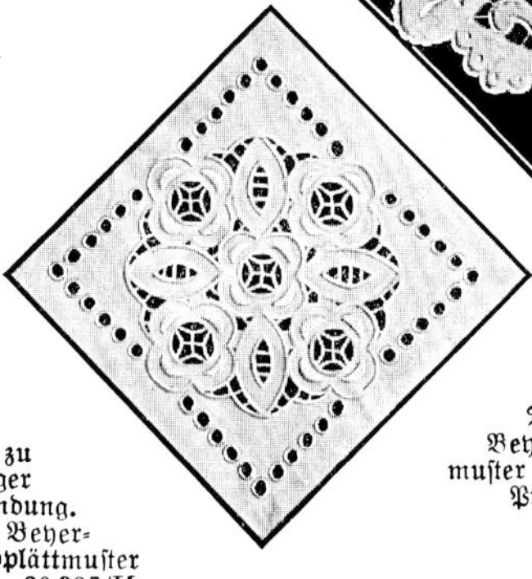

Viereck zu beliebiger Verwendung. Beyer-Abplättmuster Nr. 20 387/II, Preis 2 M.

Rundes Deckchen. Beyer-Abplättmuster Nr. 20 386/II. Preis 2 M.

Tellerblättchen Beyer-Abplättmuster Nr. 20388/I Preis 1 M.

Rundes Deckchen.

Bei dem 24 cm großen Deckchen aus feinem Leinen ist die Mitte mit einer Ranke aus Plattstich verziert, die sich nach den Seiten über die Teile in Ausschnittstickerei verlängert.

Viereck zu beliebiger Verwendung.

Bei dem 32 cm großen Viereck sind die Stäbchen in den großen Runds so gestellt, daß sie in sich ein Muster bilden

Tellerblättchen.

Muster 91 auf Beilage IV.

Das $13^1/_2$ cm große Tellerblättchen kann auch als Viereckfüllung verwendet werden. Man schneidet den Stoff dann entsprechend größer, schließt das Muster mit einem geraden Strich ab und arbeitet an einigen Stellen die zur Haltbarkeit notwendigen Stäbchen.

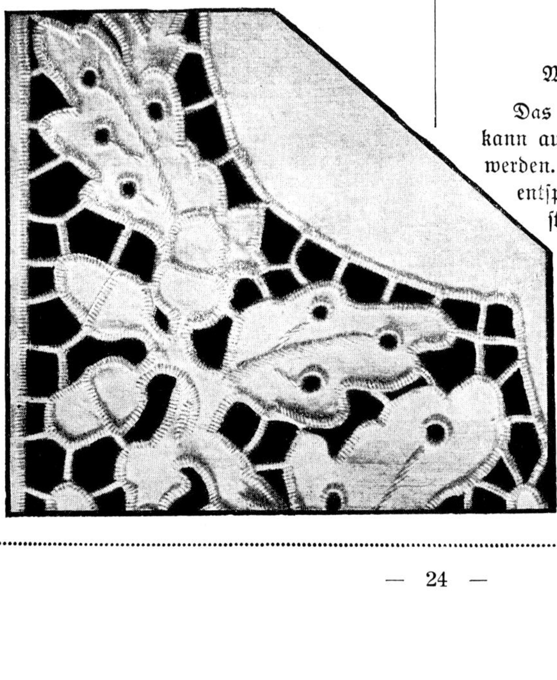

Eichenlaub mit Eicheln in Ausschnitt-Stickerei.

Große Decke für den Eßtisch. Beyer-Abplättmuster Nr. 20115/X. Preis 10 M.
Zählmuster zur Mitte, Einsatz und Spitze Nr. 70126/V. Preis 5 M.

Große Decke für den Eßtisch.

Die wundervolle Decke ist ohne die breite Spitze 130:197 cm groß. In eigenartig schöner Weise bringt der Entwurf Eicheln und Eichenblätter in Ausschnitt-, Filet- und Plattsticharbeit gut zur Geltung, wie die Abbildungen Seite 24 und 25 zeigen. Platt- und Schrägstich sind in geschickter Weise verwendet, um alle Formen zu schöner Geltung zu bringen. Die große Arbeit wird dadurch erleichtert, daß der Stoff auseinander geschnitten wird und jedes Teil dann für sich gearbeitet werden kann. Die 53:85 cm große Mitte, der 6 cm breite Einsatz und die 17 cm breite Spitze bestehen aus Handfilet aus kräftigem Zwirn, 10 Loch gleich 4 cm, mit demselben Zwirn gestopft in Leinenstich. Die schöne Decke läßt sich aus einem feinen Bettuch fertigen.

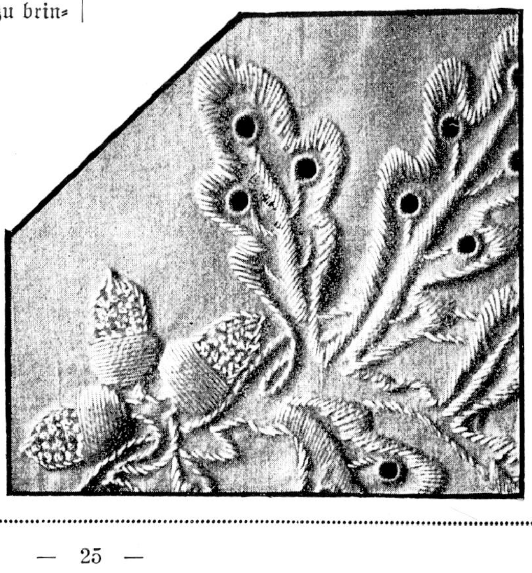

Eichenlaub mit Eicheln in Platt-, Knötchen-, Loch- und Schrägstichstickerei.

Runde Decke mit reichem Rosenmuster. Beyer-Abplättmuster Nr. 20395/V, Preis 5 ℳ.

Runde Decke mit Doppelkante. Beyer-Abplättmuster Nr. 20396/V, Preis 5 ℳ.

Zwei runde Decken.

Vorzeichnung zu Nr. 20396: Muster 12 auf Beilage I.

Die beiden runden Decken sind im Durchmesser je 70 cm groß. Bei der Decke Nr. 20396 kann man nach Belieben auch die innere Kante fortlassen oder nur mit dieser ein 40 cm großes Deckchen sticken.

Tellerblättchen. Beyer-Abplättmuster Nr. 20397/I, Preis 1 ℳ.

Tellerblättchen.

Das im Durchmesser 11 cm große Tellerblättchen ist in Art der Lochstickerei gearbeitet, wie die Abb. auf nebenstehender Seite zeigt und deren Ausführung auf Seite 5 gelehrt wird

Zwei Decken.

Bei der obenaufliegenden Decke wiederholt sich das rosenartige Muster achtmal in der Runde. Die Mittelform ist auch hübsch als Einzeldeckchen zu verwenden. Bei der viereckigen Decke wird das weitläufig gezeichnete Muster durch Stäbe mit sehr kräftig gearbeiteten Oesen zusammengehalten.

Runde Decke. Beyer-Abplättmuster Nr. 20310/V, Preis 5 ℳ.

Viereckige Decke. Beyer-Abplättmuster Nr. 20311/V, Preis 5 ℳ.

Deckchen mit eingesetzten Filetteilen.

Muster 13
auf Beilage I.

Das 26:30 cm große Deckchen ist mit einem 9 cm großen Rund und zwei 3 cm großen Vierecken in Filet bereichert. Eine 4 cm breite Klöppelspitze bildet den Abschluß.

Deckchen mit eingesetzten Filetteilen.
Beyer-Abplättmuster Nr. 20111/I, Preis 1 *M*.

Kleines Deckchen mit Blumenmuster.
Beyer-Abplättmuster Nr. 20112/I, Preis 1 *M*.

Kleines Deckchen mit Blumenmuster.

Bei dem 13:19 cm großen Deckchen ist die Mitte reich mit Blumen verziert, den Abschluß bildet die reizende Kante links unten auf Seite 9.

Decke mit farbiger Ausschnitt-Stickerei.

Muster 4
auf Beilage I.

Die 60 cm große Decke aus frischgrünem Tuch ist ein hübsches Beispiel, wie Ausschnitt-Stickerei auch auf Tuch oder ganz festem Cheviot ausgeführt werden kann. Die Stickerei ist auf grünem Tuch mit blau und rot ausgeführt, die blau gearbeiteten Stäbe bestehen nur aus gedrehten Fäden. Hübsch ist auch die kleine Kante in losen Stichen, die die Vierecke in gleichmäßigem Abstand umgibt. Das frischgrüne Seidenfutter ist ringsum 1 cm als Vorstoß sichtbar.

Decke mit farbiger Ausschnitt-Stickerei.
Beyer-Abplättmuster Nr. 20114/I, Preis je zwei Vierecke 1 *M*.

Stickereiform, rot und blau auf grünem Tuch gestickt, zu obenstehendem Deckchen.

Stickereiform zum Tellerblättchen auf Seite 26.

Runde Decke mit Früchten. Beyer-Abplättmuster Nr. 20400/II. Preis 2 M.
Ovale Decke mit Früchten. Beyer-Abplättmuster Nr. 20401/III. Preis 3 M.

Drei Decken mit Früchten.

Vorzeichnungen zu den beiden ovalen Decken:
Muster 20 und 20a auf Beilage II, auch Muster 21.

Die drei Decken, als Tischdekoration zusammen besonders schön verwendbar, zeigen das gleiche Muster von Früchten in Art von Girlanden geordnet. Bei diesen Musterungen sind alle Umrisse langettiert, während die verbindenden Formen nur umschlungen sind in Art der Lochstickerei mit eingearbeiteten Stäben; f. S. 5. Die runde Decke ist 50 cm im Durchmesser groß, die obere ovale Decke mißt 53:84 cm, die untenstehende Decke 55:101 cm. Den äußeren Abschluß bilden breitgestickte Langetten. Muster 21 gibt das Muster zu einer 30 cm großen Decke, deren Beyer-Abplättmuster Nr. 20427/II 2 M kostet.

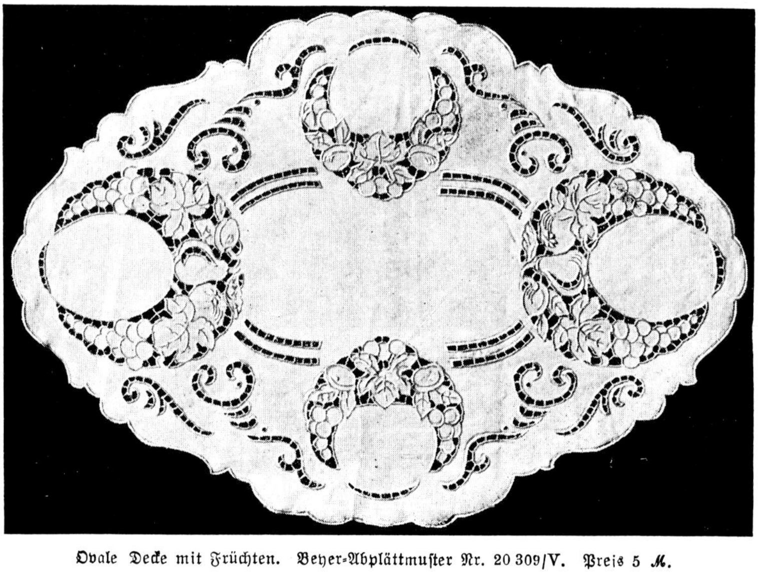

Ovale Decke mit Früchten. Beyer-Abplättmuster Nr. 20309/V. Preis 5 M.

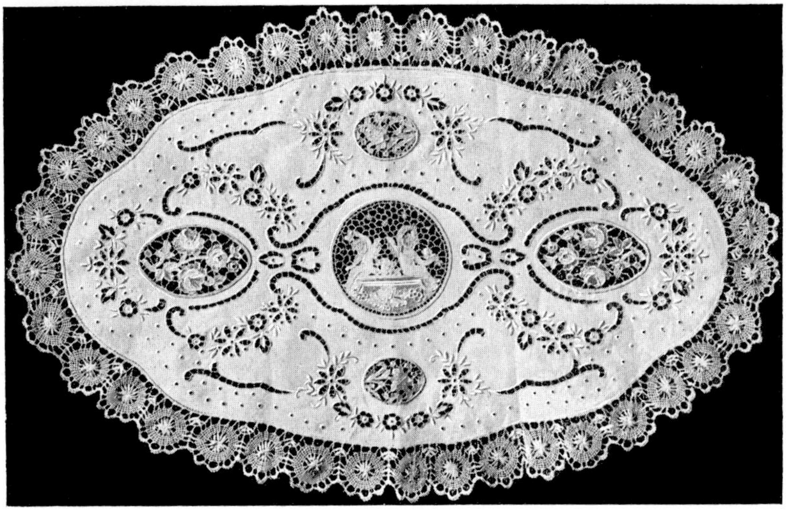

Ovale Decke mit eingesetzten Nadelspitzenteilen.
Beyer-Abplättmuster Nr. 20402/IV. Preis 4 M. Beyer-Klöppelbrief zur Spitze Nr. 80121/V. Preis 5 M.

Ovale Decke mit eingesetzten Nadelspitzenteilen.

Muster 50 auf Beilage III.

Bei der 58:96 cm großen Decke aus feinem Leinen ist die Ausschnitt-Stickerei in Art der Lochstickerei ausgeführt, wie untenstehende Abbildung zeigt und die Abbildung auf Seite 5 lehrt. Alle Umrisse werden zweimal vorgezogen, gleich beim ersten Vorziehen arbeitet man die Stäbe, schneidet den Stoff innerhalb der Formen ein, streicht ihn unter und beschlingt alle Ränder in Art der Lochstickerei. Die Blätter in Plattstich werden dick unterlegt. Die eingesetzten Teile in Nadelspitze*) werden für sich gearbeitet und dem Stoff dann einlangettiert; mit Hilfe unserer Vorzeichnung und sehr feinem Garn kann man die Muster auch in Ausschnitt-Stickerei nacharbeiten und den Grund mit Erbstüll unterlegen. Eine $8^1/_2$ cm breite Klöppelspitze bildet den Abschluß der kostbaren Decke.

*) „Nadelspitzen", von Gussi v. Reden. Verlag Otto Beyer, Leipzig.

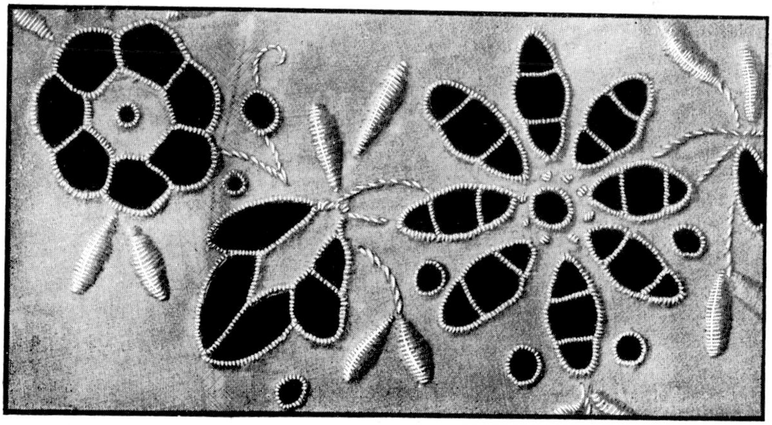

Stickereiteil zu obenstehender Decke.

Längliche Decke mit Lochketten.
Beyer-Abplättmuster Nr. 20403/VI, Preis 6 M.

Längliche Decke mit Lochketten.

Vorzeichnung Fig. 2 auf Beilage 1.

Bei der 40:88 cm großen Decke ist die Kante in Ausschnitt 14 cm breit, Loch- und Punktketten füllen die Mitte. Bei den kleinen Blumenformen muß man die breiten Langetten zwei- bis dreimal unterziehen, die Stäbe innerhalb dieser Blumen sind stark umwickelte Fäden. Das wundervolle Muster eignet sich auch als Abschluß für größere Decken; es wirkt auch sehr gut bei Decken für Anrichte- oder Teetisch, wo es herunterhängend angewendet wird.

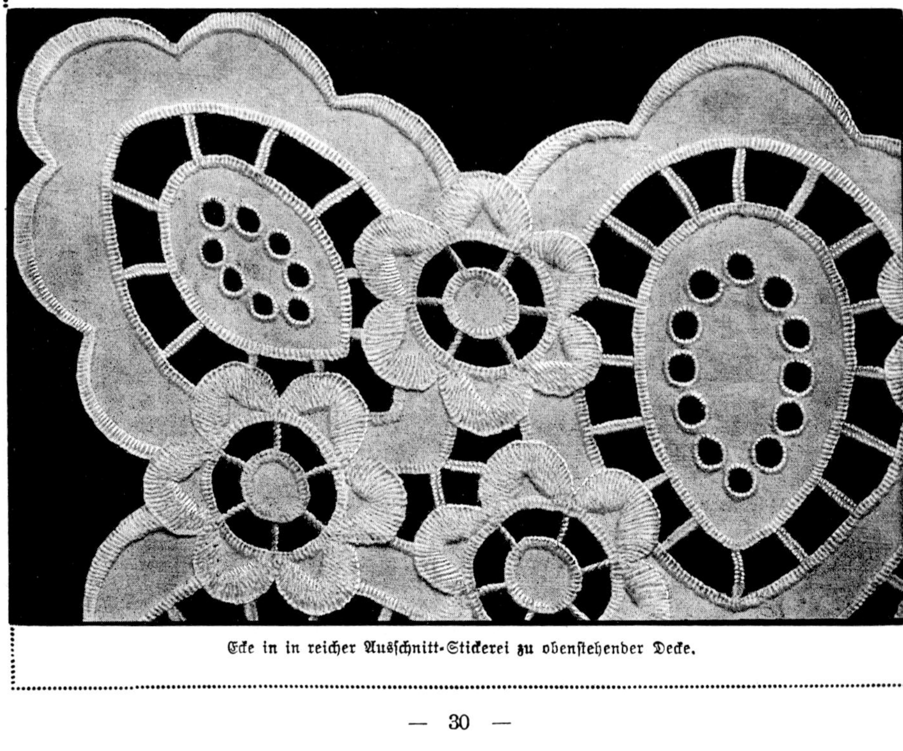

Ecke in in reicher Ausschnitt-Stickerei zu obenstehender Decke.

Decke mit reichem Vogelmuster.
Beyer-Abplättmuster Nr 20404/IV, Preis 4 ℳ. Beyer-Klöppelbrief zum Einsatz Nr. 80122/V, Preis 5 ℳ, zur Spitze Nr. 80123/VI, Preis 6 ℳ.

Decke mit reichem Vogelmuster.

Jedes Viereck der prachtvollen Decke ist 21 cm groß; die Abbildung unten auf der Seite zeigt die überaus feine und dichte Ausführung der Stickerei, die den Pelikan in den verschiedensten Stellungen zeigt. Will man die Decke größer haben, so kann man um jedes Viereck 2 bis 3 cm Stoff zugeben, auch noch eine schmale Hohlnaht und Saum ringsum arbeiten. $6^1/_2$ cm breiter Einsatz ist den fertig gestickten Vierecken auflangettiert, 9 cm breite Spitze bildet den Abschluß, die Ecken sind nicht abgepaßt geklöppelt, sondern nur abgenäht.

Teil der besonders fein und dicht ausgeführten Stickerei zu obenstehender Decke.

Längliche Decke mit eingesetzten Vierecken in Netzarbeit.

Muster 1 auf Beilage I.

Bei der 41:90 cm großen Decke sind Ranken und Blätter schmal langettiert, die Blüten aber sehr breit; diese muß man mehrmals unterziehen. In die von Stickerei freibleibenden Mittelflächen sind gestopfte Vierecke aus Handnetz eingefügt, das Mittelviereck, für eine Blumenvase berechnet, ist nur von einem Stäbchenstreifen umgeben.

Längliche Decke mit eingesetzten Vierecken in Netzarbeit.
Beyer-Abplättmuster Nr. 20405/VI, Preis 6 M.

Zwei Vorhang-kanten.

Vorzeichnung zum Vorhang Nr. 20407 Muster 10 auf Beilage I.

Die 17 und 18 cm breiten Kanten bilden für Vorhänge einen hübschen und gefälligen Abschluß.

Ecke zu obenstehender Decke

Zwei Vorhangkanten.
Beyer-Abplättmuster Nr. 20406/III und 20407/III, Preis für je 1 Meter 3 ℳ.

Antependium.

Vorzeichnung Fig. 70 bis 72 auf Beilage IV.

Antependium nennt man den Behang der vorderen Altarseite, meist ist er bunt auf farbigem Stoff gearbeitet. Für Kapellen oder für kirchliche Feiern im Hause kann man eine solche Decke auch aus weißem Leinen arbeiten, das Muster muß dem Zweck entsprechen. Das 80:100 cm große Antependium zeigt ein großes Strahlenkreuz, Muster 70, bei dem das Mittelrund das Monogramm Christi, die vier anderen Runds große einfache Rosen zeigen. Das Mittelrund ist mit feinem Netzstoff zu unterlegen. Unten an beiden Seiten des Kreuzes sind zwei in sich verflochtene Dornenkränze angebracht, Muster 71; eine 16 cm breite Kante, Muster 72, bildet den unteren Abschluß.

Antependium, Decke für den kirchlichen Gebrauch.
Beyer-Abplättmuster Nr. 20408/III (3 Figuren), Preis 3 ℳ,
Nr. 20409/III (Kante), Preis 1 Meter 3 ℳ.

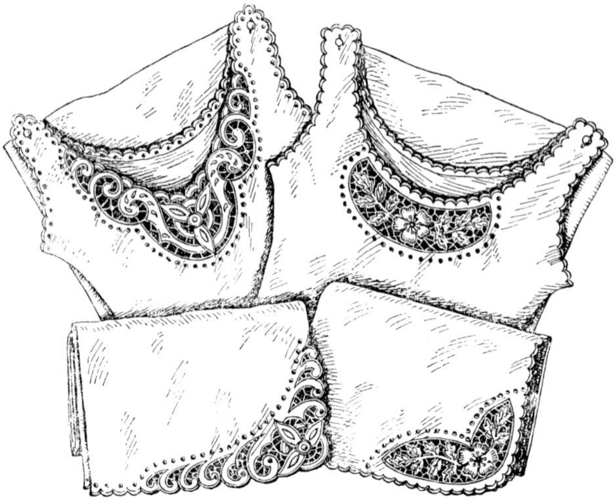

Zwei Hemden mit dazu passenden Hosen.

Vorzeichnungen zu Nr. 20316 und 20317: Fig. 55 bis 57.

S. Abb. unten auf der Seite.

Links: Beyer-Abplättmuster Nr. 20316/II und 20317/II, Preis je 2 ℳ.

Rechts: Beyer-Abplättmuster Nr. 20318/II und Nr. 20319/II, Preis je 2 ℳ.

Feinere Wäsche pflegt man nicht mehr dutzendweise anzuschaffen, sondern man arbeitet diese Einzelstücke meist mit gleichem Muster für Hemd und Hose, wenn beide Wäschestücke nicht gleich als Hemdhosen genäht werden.

Zwei Nachthemden.

Muster 76 und Muster 73 bis 75 auf Beilage IV.

Links: Nachthemd mit angeschnittenen Ärmeln. Beyer-Abplättmuster Nr. 20320/III, Preis 3 ℳ.

Rechts: Einfaches Nachthemd Beyer-Abplättmuster Nr. 20321/III, Preis 3 ℳ.

Bei dem halsfreien Nachthemd sind die ganz kurzen Ärmel gleich angeschnitten; eine Säumchengruppe, auf der Vorzeichnung angegeben, ergibt gefälligeren Sitz. Das zweite Nachthemd, für ältere Damen passend, zeigt die alte Form des einfachen hohen Hemdes mit Klappkragen und eingesetzten Ärmeln.

Ausführung der Stickerei zur Hose Nr. 20319.

Zwei Hemden mit dazu passenden Hosen.

Vorzeichnungen: Muster 30 bis 32 und Muster 27 bis 29 auf Beilage II.

S. Abb. unten.

Links: Beyer-Abplättmuster Nr. 20322/II und 20323/II, Preis je 2 M.
Rechts: Beyer-Abplättmuster Nr. 20324/II und 20325/II, Preis je 2 M.

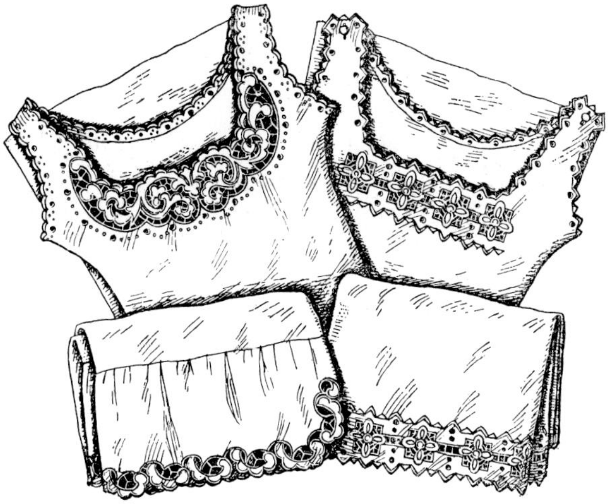

Diese beiden Hemden zeigen einen eckigen Ausschnitt, um den herum sich die reiche Stickerei legt. Bei der Hose Nr. 20323 ist eine leicht gekrauste Falbel mit abgepaßt gestickter Ecke angesetzt, während bei der Hose Nr. 20325 die Kante gleich in den Stoff gearbeitet ist.

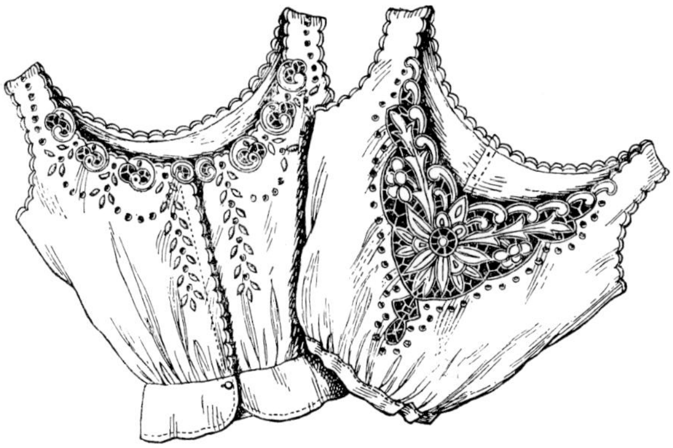

Zwei Unterleibchen mit vorderem und hinterem Schluß.

Vorzeichnungen: Fig. 33, 33a und 34 auf Beilage II.

Links: Unterleibchen mit vorderem Schluß. Beyer-Abplättmuster Nr. 20326/II, Preis 2 M.

Rechts: Unterleibchen mit hinterem Schluß. Beyer-Abplättmuster Nr. 20327/II, Preis 2 M.

Bei dem Unterleibchen Nr. 20326 ist der Knopfschluß verdeckt unter dem Zackenabschluß des rechten Vorderteils; der kleine angesetzte Schoß gibt dem Leibchen guten Schluß. Das Unterleibchen Nr. 20327 schließt im Rücken.

Kante zur Hose Nr. 20325.

Reichgesticktes Mützchen.

Muster 77 und 78 auf Beilage IV.

Die beiden reichgestickten Seitenteile und das nur am Rand verzierte Mittelteil macht man jedes für sich fertig und verbindet die Spitzen der Randzacken miteinander; nur an der Ecke der Seitenteile wird ein Stab als Verbindung gearbeitet. Das ebenso groß geschnittene farbige Seidenfutter erhält an den Rändern schmale Rüschen aus doppeltem Stoff, die unter dem gestickten Rand hervorsehen. Der Außenrand wird in doppeltem Stoff gearbeitet.

Reichgesticktes Mützchen.
Beyer-Abplättmuster Nr. 20411/III,
Preis 3 ℳ.

Kinderlätzchen.

Man braucht zu den Lätzchen 24 bis 28 cm langen und 20 bis 25 cm breiten Stoff, den man ringsum bestickt und am Halsausschnitt schmal einfaßt.

Kinderlätzchen.
Beyer-Abplättmuster Nr. 20295/II, 20296/II und 20297/II,
Preis je 2 ℳ.

Kinderwagendecke u. Kinderkopfkissen.

Bei der 68 cm großen Wagendecke ist für den 4 cm breiten Saum mit schmaler Hohlnaht noch Stoff zuzugeben. Das Kopfkissen ist 46:38 cm groß.

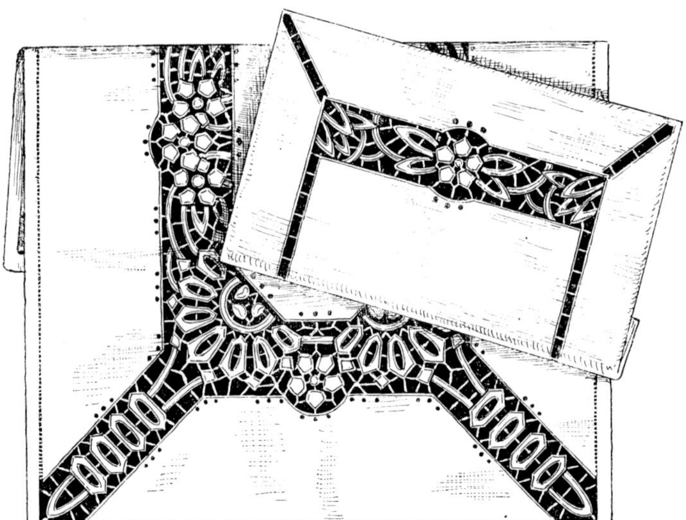

Kinderwagendecke.
Beyer-Abplättmuster Nr. 20412/V,
Preis 5 ℳ.

Kinderkopfkissen.
Beyer-Abplättmuster Nr. 20413/II,
Preis 2 ℳ.